Pit Elsasser

KLASSENTREFFEN

Autor, Herausgeber und Gestaltung:
Pit Elsasser
© 2016

Herstellung und Verlag:
BoD—Books on Demand, Norderstedt
ISBN 978-3-7412-2717-2

Das vorliegende Buch einschließlich aller seiner Teile ist urheberrechtlich geschützt.
Jede Verwertung ist ohne schriftliche Zustimmung des Autors unzulässig.
Foto: fotolia

Die Deutsche Nationalbibliothek verzeichnet diese Publikation in der Deutschen Nationalbibliografie;
detaillierte Daten sind im Internet unter www.dnb.de abrufbar.

www.portrait-skulptur-kunst.de

Inhaltsstoffe

1. Seite 9   Name ☛ _____

2. Seite 13   Name ☛ _____

3. Seite 17   Name ☛ _____

4. Seite 21   Name ☛ _____

5. Seite 25   Name ☛ _____

6. Seite 29   Name ☛ _____

7. Seite 33   Name ☛ _____

8. Seite 37   Name ☛ _____

9. Seite 41   Name ☛ _____

10. Seite 45   Name ☛ _____

11. Seite 49   Name ☛ _____

12. Seite 53   Name ☛ _____

13. Seite 57   Name ☛ _____

14. Seite 61   Name ☛ _____

15. Seite 65   Name ☛ _____

Inhaltsstoffe

16. Seite 69   Name ☛ ....

17. Seite 73   Name ☛ ....

18. Seite 77   Name ☛ ....

19. Seite 81   Name ☛ ....

20. Seite 85   Name ☛ ....

21. Seite 89   Name ☛ ....

22. Seite 93   Name ☛ ....

23. Seite 97   Name ☛ ....

24. Seite 101   Name ☛ ....

25. Seite 105   Name ☛ ....

Seite 109   Unsere Lehrer/Lehrerinnen ☛

Seite 111   Sonstiges Bemerkenswertes ☛

KLASSENTREFFEN IN

MEIN SELFIE

AM

ICH BIN

SO KENNT IHR MICH
AUS DER SCHULZEIT

MAN NANNTE MICH AUCH

GEBOREN UM ZU LEBEN/AM/IN

TEL. NR.	HANDY
MAIL	WEB

EINFACH UNTERSTREICHEN ODER MIT STICHWÖRTERN AUSFÜLLEN
(ALLE ANGABEN SIND NATÜRLICH VÖLLIG FREIWILLIG)

Meine unwiderstehliche Augenfarbe

Meine natürliche/gestylte Haarfarbe

Mein Gardemass

Als wir uns kennenlernten, stand mein Wigwam in

Sein jetziger Standort ist

Ich bin verliebt/verlobt/verheiratet/geschieden/verwitwet

Ich wünschte mir (   ) Kinder/keine

Zurzeit habe ich (   ) Kinder/keine

Ich bin noch immer: Chaot/Träumer/Fantast/Realist/Pragmatiker/ …

Ich wollte, wenn ich könnte

Ich könnte, will aber nicht

Mein Traum wäre

Mein Lebensmotto

Mein Glaube

Ich bin ernst/nachdenklich/clownesk/ ...

Ich tanze gerne/nie/nur wenn ich muss/nur mit ...

Ich liebe die Berge/das Meer/die Wüsten/den Urwald/die Arktis

Ein Scheitern ist für mich Ansporn/Absturz/Herausforderung

Ich packe das Leben bei den Hörnern/am Hinterteil/an der Hand

Die Schule war für mich Horror/Zweckgemeinschaft/Paradies

Ich vermisse die Schule/die Lehrer/Euch/nichts

Meine besonderen Merkmale sind/waren

Führerschein gemacht/verloren/wieder erhalten/nie gemacht

Ich habe einen Motorflugschein/Segelflugschein/Gleitschirmschein

Mein Golfhandicap ist

Ich habe was gescheites gelernt/Ich habe studiert/Sonstiges …

Ich bin Geselle/Meister/Master/Bachelor/Doktor/Sonstiges …

Meine LieblingsPizzen

Mein LieblingsEis

Meine LieblingsSoap

Mein LieblingsSänger/-in

Mein LieblingsSport

Mein LieblingsSpiel

Mein LieblingsGetränk

Mein LieblingsAutor/-in

Mein LieblingsErlebnis

Mein LieblingsVerein

Mein LieblingsAuto/-Motorrad

Ich bin fan von

Meine LieblingsFehler sind/kenne keine

DER/DIE NÄCHSTE BITTE >>>

KLASSENTREFFEN IN

MEIN SELFIE

AM

ICH BIN

MAN NANNTE MICH AUCH

SO KENNT IHR MICH AUS DER SCHULZEIT

GEBOREN UM ZU LEBEN/AM/IN

TEL. NR.   HANDY

MAIL   WEB

**EINFACH UNTERSTREICHEN ODER MIT STICHWÖRTERN AUSFÜLLEN
(ALLE ANGABEN SIND NATÜRLICH VÖLLIG FREIWILLIG)**

Meine unwiderstehliche Augenfarbe

Meine natürliche/gestylte Haarfarbe

Mein Gardemass

Als wir uns kennenlernten, stand mein Wigwam in

Sein jetziger Standort ist

Ich bin verliebt/verlobt/verheiratet/geschieden/verwitwet

Ich wünschte mir (   ) Kinder/keine

Zurzeit habe ich (   ) Kinder/keine

Ich bin noch immer: Chaot/Träumer/Fantast/Realist/Pragmatiker/ …

Ich wollte, wenn ich könnte

Ich könnte, will aber nicht

Mein Traum wäre

Mein Lebensmotto

Mein Glaube

Ich bin ernst/nachdenklich/clownesk/ ...

Ich tanze gerne/nie/nur wenn ich muss/nur mit ...

Ich liebe die Berge/das Meer/die Wüsten/den Urwald/die Arktis

Ein Scheitern ist für mich Ansporn/Absturz/Herausforderung

Ich packe das Leben bei den Hörnern/am Hinterteil/an der Hand

Die Schule war für mich Horror/Zweckgemeinschaft/Paradies

Ich vermisse die Schule/die Lehrer/Euch/nichts

Meine besonderen Merkmale sind/waren

Führerschein gemacht/verloren/wieder erhalten/nie gemacht

Ich habe einen Motorflugschein/Segelflugschein/Gleitschirmschein

Mein Golfhandicap ist

Ich habe was gescheites gelernt/Ich habe studiert/Sonstiges …

Ich bin Geselle/Meister/Master/Bachelor/Doktor/Sonstiges …

Meine LieblingsPizzen

Mein LieblingsEis

Meine LieblingsSoap

Mein LieblingsSänger/-in

Mein LieblingsSport

Mein LieblingsSpiel

Mein LieblingsGetränk

Mein LieblingsAutor/-in

Mein LieblingsErlebnis

Mein LieblingsVerein

Mein LieblingsAuto/-Motorrad

Ich bin fan von

Meine LieblingsFehler sind/kenne keine

Der/die nächste bitte >>>

MEIN SELFIE

KLASSENTREFFEN IN

AM

ICH BIN

MAN NANNTE MICH AUCH

GEBOREN UM ZU LEBEN/AM/IN

TEL. NR.   HANDY

MAIL   WEB

SO KENNT IHR MICH AUS DER SCHULZEIT

EINFACH UNTERSTREICHEN ODER MIT STICHWÖRTERN AUSFÜLLEN (ALLE ANGABEN SIND NATÜRLICH VÖLLIG FREIWILLIG)

Meine unwiderstehliche Augenfarbe

Meine natürliche/gestylte Haarfarbe

Mein Gardemass

Als wir uns kennenlernten, stand mein Wigwam in

Sein jetziger Standort ist

Ich bin verliebt/verlobt/verheiratet/geschieden/verwitwet

Ich wünschte mir (   ) Kinder/keine

Zurzeit habe ich (   ) Kinder/keine

Ich bin noch immer: Chaot/Träumer/Fantast/Realist/Pragmatiker/ …

Ich wollte, wenn ich könnte

Ich könnte, will aber nicht

Mein Traum wäre

Mein Lebensmotto

Mein Glaube

Ich bin ernst/nachdenklich/clownesk/ …

Ich tanze gerne/nie/nur wenn ich muss/nur mit …

Ich liebe die Berge/das Meer/die Wüsten/den Urwald/die Arktis

Ein Scheitern ist für mich Ansporn/Absturz/Herausforderung

Ich packe das Leben bei den Hörnern/am Hinterteil/an der Hand

Die Schule war für mich Horror/Zweckgemeinschaft/Paradies

Ich vermisse die Schule/die Lehrer/Euch/nichts

Meine besonderen Merkmale sind/waren

Führerschein gemacht/verloren/wieder erhalten/nie gemacht

Ich habe einen Motorflugschein/Segelflugschein/Gleitschirmschein

Mein Golfhandicap ist

ICH HABE WAS GESCHEITES GELERNT/ICH HABE STUDIERT/SONSTIGES ...

ICH BIN GESELLE/MEISTER/MASTER/BACHELOR/DOKTOR/SONSTIGES ...

MEINE LIEBLINGSPIZZEN

MEIN LIEBLINGSEIS

MEINE LIEBLINGSSOAP

MEIN LIEBLINGSSÄNGER/-IN

MEIN LIEBLINGSSPORT

MEIN LIEBLINGSSPIEL

MEIN LIEBLINGSGETRÄNK

MEIN LIEBLINGSAUTOR/-IN

MEIN LIEBLINGSERLEBNIS

MEIN LIEBLINGSVEREIN

MEIN LIEBLINGSAUTO/-MOTORRAD

ICH BIN FAN VON

MEINE LIEBLINGSFEHLER SIND/KENNE KEINE

DER/DIE NÄCHSTE BITTE >>>

Mein Selfie

Klassentreffen in

Am

Ich bin

Man nannte mich auch

Geboren um zu leben/am/in

Tel. Nr.   Handy

Mail   Web

So kennt ihr mich aus der Schulzeit

**Einfach unterstreichen oder mit Stichwörtern ausfüllen
(alle Angaben sind natürlich völlig freiwillig)**

Meine unwiderstehliche Augenfarbe

Meine natürliche/gestylte Haarfarbe

Mein Gardemass

Als wir uns kennenlernten, stand mein Wigwam in

Sein jetziger Standort ist

Ich bin verliebt/verlobt/verheiratet/geschieden/verwitwet

Ich wünschte mir (   ) Kinder/keine

Zurzeit habe ich (   ) Kinder/keine

Ich bin noch immer: Chaot/Träumer/Fantast/Realist/Pragmatiker/ …

Ich wollte, wenn ich könnte

Ich könnte, will aber nicht

Mein Traum wäre

Mein Lebensmotto

Mein Glaube

Ich bin ernst/nachdenklich/clownesk/ …

Ich tanze gerne/nie/nur wenn ich muss/nur mit …

Ich liebe die Berge/das Meer/die Wüsten/den Urwald/die Arktis

Ein Scheitern ist für mich Ansporn/Absturz/Herausforderung

Ich packe das Leben bei den Hörnern/am Hinterteil/an der Hand

Die Schule war für mich Horror/Zweckgemeinschaft/Paradies

Ich vermisse die Schule/die Lehrer/Euch/nichts

Meine besonderen Merkmale sind/waren

Führerschein gemacht/verloren/wieder erhalten/nie gemacht

Ich habe einen Motorflugschein/Segelflugschein/Gleitschirmschein

Mein Golfhandicap ist

Ich habe was gescheites gelernt/Ich habe studiert/Sonstiges …

Ich bin Geselle/Meister/Master/Bachelor/Doktor/Sonstiges …

Meine LieblingsPizzen

Mein LieblingsEis

Meine LieblingsSoap

Mein LieblingsSänger/-in

Mein LieblingsSport

Mein LieblingsSpiel

Mein LieblingsGetränk

Mein LieblingsAutor/-in

Mein LieblingsErlebnis

Mein LieblingsVerein

Mein LieblingsAuto/-Motorrad

Ich bin fan von

Meine LieblingsFehler sind/kenne keine

DER/DIE NÄCHSTE BITTE >>>

MEIN SELFIE

KLASSENTREFFEN IN
_____

AM
_____

ICH BIN
_____
_____
_____

MAN NANNTE MICH AUCH
_____
_____

GEBOREN UM ZU LEBEN/AM/IN
_____
_____

TEL. NR. _____ HANDY _____
MAIL _____ WEB _____

SO KENNT IHR MICH AUS DER SCHULZEIT

**EINFACH UNTERSTREICHEN ODER MIT STICHWÖRTERN AUSFÜLLEN
(ALLE ANGABEN SIND NATÜRLICH VÖLLIG FREIWILLIG)**

Meine unwiderstehliche Augenfarbe

Meine natürliche/gestylte Haarfarbe

Mein Gardemass

Als wir uns kennenlernten, stand mein Wigwam in

Sein jetziger Standort ist

Ich bin verliebt/verlobt/verheiratet/geschieden/verwitwet

Ich wünschte mir (   ) Kinder/keine

Zurzeit habe ich (   ) Kinder/keine

Ich bin noch immer: Chaot/Träumer/Fantast/Realist/Pragmatiker/ …

Ich wollte, wenn ich könnte

Ich könnte, will aber nicht

Mein Traum wäre

Mein Lebensmotto

Mein Glaube

Ich bin ernst/nachdenklich/clownesk/ …

Ich tanze gerne/nie/nur wenn ich muss/nur mit …

Ich liebe die Berge/das Meer/die Wüsten/den Urwald/die Arktis

Ein Scheitern ist für mich Ansporn/Absturz/Herausforderung

Ich packe das Leben bei den Hörnern/am Hinterteil/an der Hand

Die Schule war für mich Horror/Zweckgemeinschaft/Paradies

Ich vermisse die Schule/die Lehrer/Euch/nichts

Meine besonderen Merkmale sind/waren

Führerschein gemacht/verloren/wieder erhalten/nie gemacht

Ich habe einen Motorflugschein/Segelflugschein/Gleitschirmschein

Mein Golfhandicap ist

Ich habe was gescheites gelernt/Ich habe studiert/Sonstiges …

Ich bin Geselle/Meister/Master/Bachelor/Doktor/Sonstiges …

Meine LieblingsPizzen

Mein LieblingsEis

Meine LieblingsSoap

Mein LieblingsSänger/-in

Mein LieblingsSport

Mein LieblingsSpiel

Mein LieblingsGetränk

Mein LieblingsAutor/-in

Mein LieblingsErlebnis

Mein LieblingsVerein

Mein LieblingsAuto/-Motorrad

Ich bin fan von

Meine LieblingsFehler sind/kenne keine

Der/die nächste bitte >>>

MEIN SELFIE

KLASSENTREFFEN IN

AM

ICH BIN

MAN NANNTE MICH AUCH

GEBOREN UM ZU LEBEN/AM/IN

TEL. NR.   HANDY

MAIL   WEB

SO KENNT IHR MICH AUS DER SCHULZEIT

EINFACH UNTERSTREICHEN ODER MIT STICHWÖRTERN AUSFÜLLEN (ALLE ANGABEN SIND NATÜRLICH VÖLLIG FREIWILLIG)

Meine unwiderstehliche Augenfarbe

Meine natürliche/gestylte Haarfarbe

Mein Gardemass

Als wir uns kennenlernten, stand mein Wigwam in

Sein jetziger Standort ist

Ich bin verliebt/verlobt/verheiratet/geschieden/verwitwet

Ich wünschte mir (   ) Kinder/keine

Zurzeit habe ich (   ) Kinder/keine

Ich bin noch immer: Chaot/Träumer/Fantast/Realist/Pragmatiker/ …

Ich wollte, wenn ich könnte

Ich könnte, will aber nicht

Mein Traum wäre

Mein Lebensmotto

Mein Glaube

Ich bin ernst/nachdenklich/clownesk/ …

Ich tanze gerne/nie/nur wenn ich muss/nur mit …

Ich liebe die Berge/das Meer/die Wüsten/den Urwald/die Arktis

Ein Scheitern ist für mich Ansporn/Absturz/Herausforderung

Ich packe das Leben bei den Hörnern/am Hinterteil/an der Hand

Die Schule war für mich Horror/Zweckgemeinschaft/Paradies

Ich vermisse die Schule/die Lehrer/Euch/nichts

Meine besonderen Merkmale sind/waren

Führerschein gemacht/verloren/wieder erhalten/nie gemacht

Ich habe einen Motorflugschein/Segelflugschein/Gleitschirmschein

Mein Golfhandicap ist

Ich habe was gescheites gelernt/ich habe studiert/sonstiges …

Ich bin Geselle/Meister/Master/Bachelor/Doktor/Sonstiges …

Meine LieblingsPizzen

Mein LieblingsEis

Meine LieblingsSoap

Mein LieblingsSänger/-in

Mein LieblingsSport

Mein LieblingsSpiel

Mein LieblingsGetränk

Mein LieblingsAutor/-in

Mein LieblingsErlebnis

Mein LieblingsVerein

Mein LieblingsAuto/-Motorrad

Ich bin fan von

Meine LieblingsFehler sind/kenne keine

DER/DIE NÄCHSTE BITTE >>>

MEIN SELFIE

KLASSENTREFFEN IN

AM

ICH BIN

MAN NANNTE MICH AUCH

GEBOREN UM ZU LEBEN/AM/IN

SO KENNT IHR MICH AUS DER SCHULZEIT

TEL. NR.   HANDY

MAIL   WEB

**EINFACH UNTERSTREICHEN ODER MIT STICHWÖRTERN AUSFÜLLEN
(ALLE ANGABEN SIND NATÜRLICH VÖLLIG FREIWILLIG)**

Meine unwiderstehliche Augenfarbe

Meine natürliche/gestylte Haarfarbe

Mein Gardemass

Als wir uns kennenlernten, stand mein Wigwam in

Sein jetziger Standort ist

Ich bin verliebt/verlobt/verheiratet/geschieden/verwitwet

Ich wünschte mir (   ) Kinder/keine

Zurzeit habe ich (   ) Kinder/keine

Ich bin noch immer: Chaot/Träumer/Fantast/Realist/Pragmatiker/ …

Ich wollte, wenn ich könnte

Ich könnte, will aber nicht

Mein Traum wäre

Mein Lebensmotto

Mein Glaube

Ich bin ernst/nachdenklich/clownesk/ …

Ich tanze gerne/nie/nur wenn ich muss/nur mit …

Ich liebe die Berge/das Meer/die Wüsten/den Urwald/die Arktis

Ein Scheitern ist für mich Ansporn/Absturz/Herausforderung

Ich packe das Leben bei den Hörnern/am Hinterteil/an der Hand

Die Schule war für mich Horror/Zweckgemeinschaft/Paradies

Ich vermisse die Schule/die Lehrer/Euch/nichts

Meine besonderen Merkmale sind/waren

Führerschein gemacht/verloren/wieder erhalten/nie gemacht

Ich habe einen Motorflugschein/Segelflugschein/Gleitschirmschein

Mein Golfhandicap ist

Ich habe was gescheites gelernt/Ich habe studiert/Sonstiges ...

Ich bin Geselle/Meister/Master/Bachelor/Doktor/Sonstiges ...

Meine LieblingsPizzen

Mein LieblingsEis

Meine LieblingsSoap

Mein LieblingsSänger/-in

Mein LieblingsSport

Mein LieblingsSpiel

Mein LieblingsGetränk

Mein LieblingsAutor/-in

Mein LieblingsErlebnis

Mein LieblingsVerein

Mein LieblingsAuto/-Motorrad

Ich bin fan von

Meine LieblingsFehler sind/kenne keine

DER/DIE NÄCHSTE BITTE >>>

MEIN SELFIE

KLASSENTREFFEN IN

AM

ICH BIN

MAN NANNTE MICH AUCH

GEBOREN UM ZU LEBEN/AM/IN

TEL. NR.   HANDY

MAIL   WEB

SO KENNT IHR MICH AUS DER SCHULZEIT

EINFACH UNTERSTREICHEN ODER MIT STICHWÖRTERN AUSFÜLLEN (ALLE ANGABEN SIND NATÜRLICH VÖLLIG FREIWILLIG)

Meine unwiderstehliche Augenfarbe

Meine natürliche/gestylte Haarfarbe

Mein Gardemass

Als wir uns kennenlernten, stand mein Wigwam in

Sein jetziger Standort ist

Ich bin verliebt/verlobt/verheiratet/geschieden/verwitwet

Ich wünschte mir (   ) Kinder/keine

Zurzeit habe ich (   ) Kinder/keine

Ich bin noch immer: Chaot/Träumer/Fantast/Realist/Pragmatiker/ …

Ich wollte, wenn ich könnte

Ich könnte, will aber nicht

Mein Traum wäre

Mein Lebensmotto

Mein Glaube

Ich bin ernst/nachdenklich/clownesk/ …

Ich tanze gerne/nie/nur wenn ich muss/nur mit …

Ich liebe die Berge/das Meer/die Wüsten/den Urwald/die Arktis

Ein Scheitern ist für mich Ansporn/Absturz/Herausforderung

Ich packe das Leben bei den Hörnern/am Hinterteil/an der Hand

Die Schule war für mich Horror/Zweckgemeinschaft/Paradies

Ich vermisse die Schule/die Lehrer/Euch/nichts

Meine besonderen Merkmale sind/waren

Führerschein gemacht/verloren/wieder erhalten/nie gemacht

Ich habe einen Motorflugschein/Segelflugschein/Gleitschirmschein

Mein Golfhandicap ist

Ich habe was Gescheites gelernt/Ich habe studiert/Sonstiges ...

Ich bin Geselle/Meister/Master/Bachelor/Doktor/Sonstiges ...

Meine LieblingsPizzen

Mein LieblingsEis

Meine LieblingsSoap

Mein LieblingsSänger/-in

Mein LieblingsSport

Mein LieblingsSpiel

Mein LieblingsGetränk

Mein LieblingsAutor/-in

Mein LieblingsErlebnis

Mein LieblingsVerein

Mein LieblingsAuto/-Motorrad

Ich bin fan von

Meine LieblingsFehler sind/kenne keine

DER/DIE NÄCHSTE BITTE >>>

MEIN SELFIE

KLASSENTREFFEN IN

AM

ICH BIN

MAN NANNTE MICH AUCH

GEBOREN UM ZU LEBEN/AM/IN

TEL. NR.   HANDY

MAIL   WEB

SO KENNT IHR MICH AUS DER SCHULZEIT

EINFACH UNTERSTREICHEN ODER MIT STICHWÖRTERN AUSFÜLLEN (ALLE ANGABEN SIND NATÜRLICH VÖLLIG FREIWILLIG)

Meine unwiderstehliche Augenfarbe

Meine natürliche/gestylte Haarfarbe

Mein Gardemass

Als wir uns kennenlernten, stand mein Wigwam in

Sein jetziger Standort ist

Ich bin verliebt/verlobt/verheiratet/geschieden/verwitwet

Ich wünschte mir (   ) Kinder/keine

Zurzeit habe ich (   ) Kinder/keine

Ich bin noch immer: Chaot/Träumer/Fantast/Realist/Pragmatiker/ …

Ich wollte, wenn ich könnte

Ich könnte, will aber nicht

Mein Traum wäre

Mein Lebensmotto

Mein Glaube

Ich bin ernst/nachdenklich/clownesk/ …

Ich tanze gerne/nie/nur wenn ich muss/nur mit …

Ich liebe die Berge/das Meer/die Wüsten/den Urwald/die Arktis

Ein Scheitern ist für mich Ansporn/Absturz/Herausforderung

Ich packe das Leben bei den Hörnern/am Hinterteil/an der Hand

Die Schule war für mich Horror/Zweckgemeinschaft/Paradies

Ich vermisse die Schule/die Lehrer/Euch/nichts

Meine besonderen Merkmale sind/waren

Führerschein gemacht/verloren/wieder erhalten/nie gemacht

Ich habe einen Motorflugschein/Segelflugschein/Gleitschirmschein

Mein Golfhandicap ist

Ich habe was Gescheites gelernt/Ich habe studiert/Sonstiges …

Ich bin Geselle/Meister/Master/Bachelor/Doktor/Sonstiges …

Meine LieblingsPizzen

Mein LieblingsEis

Meine LieblingsSoap

Mein LieblingsSänger/-in

Mein LieblingsSport

Mein LieblingsSpiel

Mein LieblingsGetränk

Mein LieblingsAutor/-in

Mein LieblingsErlebnis

Mein LieblingsVerein

Mein LieblingsAuto/-Motorrad

Ich bin fan von

Meine LieblingsFehler sind/kenne keine

Der/die nächste bitte >>>

MEIN SELFIE

KLASSENTREFFEN IN

AM

ICH BIN

MAN NANNTE MICH AUCH

GEBOREN UM ZU LEBEN/AM/IN

TEL. NR.   **HANDY**

MAIL   **WEB**

SO KENNT IHR MICH AUS DER SCHULZEIT

EINFACH UNTERSTREICHEN ODER MIT STICHWÖRTERN AUSFÜLLEN (ALLE ANGABEN SIND NATÜRLICH VÖLLIG FREIWILLIG)

Meine unwiderstehliche Augenfarbe

Meine natürliche/gestylte Haarfarbe

Mein Gardemass

Als wir uns kennenlernten, stand mein Wigwam in

Sein jetziger Standort ist

Ich bin verliebt/verlobt/verheiratet/geschieden/verwitwet

Ich wünschte mir (   ) Kinder/keine

Zurzeit habe ich (   ) Kinder/keine

Ich bin noch immer: Chaot/Träumer/Fantast/Realist/Pragmatiker/ …

Ich wollte, wenn ich könnte

Ich könnte, will aber nicht

Mein Traum wäre

Mein Lebensmotto

Mein Glaube

Ich bin ernst/nachdenklich/clownesk/ ...

Ich tanze gerne/nie/nur wenn ich muss/nur mit ...

Ich liebe die Berge/das Meer/die Wüsten/den Urwald/die Arktis

Ein Scheitern ist für mich Ansporn/Absturz/Herausforderung

Ich packe das Leben bei den Hörnern/am Hinterteil/an der Hand

Die Schule war für mich Horror/Zweckgemeinschaft/Paradies

Ich vermisse die Schule/die Lehrer/Euch/nichts

Meine besonderen Merkmale sind/waren

Führerschein gemacht/verloren/wieder erhalten/nie gemacht

Ich habe einen Motorflugschein/Segelflugschein/Gleitschirmschein

Mein Golfhandicap ist

Ich habe was gescheites gelernt/Ich habe studiert/Sonstiges ...

Ich bin Geselle/Meister/Master/Bachelor/Doktor/Sonstiges ...

Meine LieblingsPizzen

Mein LieblingsEis

Meine LieblingsSoap

Mein LieblingsSänger/-in

Mein LieblingsSport

Mein LieblingsSpiel

Mein LieblingsGetränk

Mein LieblingsAutor/-in

Mein LieblingsErlebnis

Mein LieblingsVerein

Mein LieblingsAuto/-Motorrad

Ich bin fan von

Meine LieblingsFehler sind/kenne keine

DER/DIE NÄCHSTE BITTE >>>

ns in

Am

Ich bin

Man nannte mich auch

Geboren um zu leben/am/in

Tel. Nr.   Handy

Mail   Web

Mein Selfie

So kennt ihr mich aus der Schulzeit

Einfach unterstreichen oder mit Stichwörtern ausfüllen (alle Angaben sind natürlich völlig freiwillig)

Meine unwiderstehliche Augenfarbe

Meine natürliche/gestylte Haarfarbe

Mein Gardemass

Als wir uns kennenlernten, stand mein Wigwam in

Sein jetziger Standort ist

Ich bin verliebt/verlobt/verheiratet/geschieden/verwitwet

Ich wünschte mir (   ) Kinder/keine

Zurzeit habe ich (   ) Kinder/keine

Ich bin noch immer: Chaot/Träumer/Fantast/Realist/Pragmatiker/ …

Ich wollte, wenn ich könnte

Ich könnte, will aber nicht

Mein Traum wäre

Mein Lebensmotto

Mein Glaube

Ich bin ernst/nachdenklich/clownesk/ …

Ich tanze gerne/nie/nur wenn ich muss/nur mit …

Ich liebe die Berge/das Meer/die Wüsten/den Urwald/die Arktis

Ein Scheitern ist für mich Ansporn/Absturz/Herausforderung

Ich packe das Leben bei den Hörnern/am Hinterteil/an der Hand

Die Schule war für mich Horror/Zweckgemeinschaft/Paradies

Ich vermisse die Schule/die Lehrer/Euch/nichts

Meine besonderen Merkmale sind/waren

Führerschein gemacht/verloren/wieder erhalten/nie gemacht

Ich habe einen Motorflugschein/Segelflugschein/Gleitschirmschein

Mein Golfhandicap ist

ICH HABE WAS GESCHEITES GELERNT/ICH HABE STUDIERT/SONSTIGES ...

ICH BIN GESELLE/MEISTER/MASTER/BACHELOR/DOKTOR/SONSTIGES ...

MEINE LIEBLINGSPIZZEN

MEIN LIEBLINGSEIS

MEINE LIEBLINGSSOAP

MEIN LIEBLINGSSÄNGER/-IN

MEIN LIEBLINGSSPORT

MEIN LIEBLINGSSPIEL

MEIN LIEBLINGSGETRÄNK

MEIN LIEBLINGSAUTOR/-IN

MEIN LIEBLINGSERLEBNIS

MEIN LIEBLINGSVEREIN

MEIN LIEBLINGSAUTO/-MOTORRAD

ICH BIN FAN VON

MEINE LIEBLINGSFEHLER SIND/KENNE KEINE

DER/DIE NÄCHSTE BITTE >>>

MEIN SELFIE

KLASSENTREFFEN IN

AM

ICH BIN

MAN NANNTE MICH AUCH

GEBOREN UM ZU LEBEN/AM/IN

TEL. NR.   **HANDY**

MAIL   **WEB**

SO KENNT IHR MICH AUS DER SCHULZEIT

EINFACH UNTERSTREICHEN ODER MIT STICHWÖRTERN AUSFÜLLEN (ALLE ANGABEN SIND NATÜRLICH VÖLLIG FREIWILLIG)

Meine unwiderstehliche Augenfarbe

Meine natürliche/gestylte Haarfarbe

Mein Gardemass

Als wir uns kennenlernten, stand mein Wigwam in

Sein jetziger Standort ist

Ich bin verliebt/verlobt/verheiratet/geschieden/verwitwet

Ich wünschte mir (   ) Kinder/keine

Zurzeit habe ich (   ) Kinder/keine

Ich bin noch immer: Chaot/Träumer/Fantast/Realist/Pragmatiker/ …

Ich wollte, wenn ich könnte

Ich könnte, will aber nicht

MEIN TRAUM WÄRE

MEIN LEBENSMOTTO

MEIN GLAUBE

ICH BIN ERNST/NACHDENKLICH/CLOWNESK/ …

ICH TANZE GERNE/NIE/NUR WENN ICH MUSS/NUR MIT …

ICH LIEBE DIE BERGE/DAS MEER/DIE WÜSTEN/DEN URWALD/DIE ARKTIS

EIN SCHEITERN IST FÜR MICH ANSPORN/ABSTURZ/HERAUSFORDERUNG

ICH PACKE DAS LEBEN BEI DEN HÖRNERN/AM HINTERTEIL/AN DER HAND

DIE SCHULE WAR FÜR MICH HORROR/ZWECKGEMEINSCHAFT/PARADIES

ICH VERMISSE DIE SCHULE/DIE LEHRER/EUCH/NICHTS

MEINE BESONDEREN MERKMALE SIND/WAREN

FÜHRERSCHEIN GEMACHT/VERLOREN/WIEDER ERHALTEN/NIE GEMACHT

ICH HABE EINEN MOTORFLUGSCHEIN/SEGELFLUGSCHEIN/GLEITSCHIRMSCHEIN

MEIN GOLFHANDICAP IST

Ich habe was Gescheites gelernt/ich habe studiert/Sonstiges …

Ich bin Geselle/Meister/Master/Bachelor/Doktor/Sonstiges …

Meine LieblingsPizzen

Mein LieblingsEis

Meine LieblingsSoap

Mein LieblingsSänger/-in

Mein LieblingsSport

Mein LieblingsSpiel

Mein LieblingsGetränk

Mein LieblingsAutor/-in

Mein LieblingsErlebnis

Mein LieblingsVerein

Mein LieblingsAuto/-Motorrad

Ich bin fan von

Meine LieblingsFehler sind/kenne keine

DER/DIE NÄCHSTE BITTE >>>

MEIN SELFIE

KLASSENTREFFEN IN

AM

ICH BIN

MAN NANNTE MICH AUCH

GEBOREN UM ZU LEBEN/AM/IN

TEL. NR.   **HANDY**

MAIL   **WEB**

So kennt ihr mich aus der Schulzeit

EINFACH UNTERSTREICHEN ODER MIT STICHWÖRTERN AUSFÜLLEN (ALLE ANGABEN SIND NATÜRLICH VÖLLIG FREIWILLIG)

Meine unwiderstehliche Augenfarbe

Meine natürliche/gestylte Haarfarbe

Mein Gardemass

Als wir uns kennenlernten, stand mein Wigwam in

Sein jetziger Standort ist

Ich bin verliebt/verlobt/verheiratet/geschieden/verwitwet

Ich wünschte mir (   ) Kinder/keine

Zurzeit habe ich (   ) Kinder/keine

Ich bin noch immer: Chaot/Träumer/Fantast/Realist/Pragmatiker/ …

Ich wollte, wenn ich könnte

Ich könnte, will aber nicht

Mein Traum wäre

Mein Lebensmotto

Mein Glaube

Ich bin ernst/nachdenklich/clownesk/ …

Ich tanze gerne/nie/nur wenn ich muss/nur mit …

Ich liebe die Berge/das Meer/die Wüsten/den Urwald/die Arktis

Ein Scheitern ist für mich Ansporn/Absturz/Herausforderung

Ich packe das Leben bei den Hörnern/am Hinterteil/an der Hand

Die Schule war für mich Horror/Zweckgemeinschaft/Paradies

Ich vermisse die Schule/die Lehrer/Euch/nichts

Meine besonderen Merkmale sind/waren

Führerschein gemacht/verloren/wieder erhalten/nie gemacht

Ich habe einen Motorflugschein/Segelflugschein/Gleitschirmschein

Mein Golfhandicap ist

Ich habe was gescheites gelernt/ich habe studiert/sonstiges ...

Ich bin Geselle/Meister/Master/Bachelor/Doktor/Sonstiges ...

Meine LieblingsPizzen

Mein LieblingsEis

Meine LieblingsSoap

Mein LieblingsSänger/-in

Mein LieblingsSport

Mein LieblingsSpiel

Mein LieblingsGetränk

Mein LieblingsAutor/-in

Mein LieblingsErlebnis

Mein LieblingsVerein

Mein LieblingsAuto/-Motorrad

Ich bin fan von

Meine LieblingsFehler sind/kenne keine

DER/DIE NÄCHSTE BITTE >>>

MEIN SELFIE

KLASSENTREFFEN IN

AM

ICH BIN

MAN NANNTE MICH AUCH

SO KENNT IHR MICH AUS DER SCHULZEIT

GEBOREN UM ZU LEBEN/AM/IN

TEL. NR.   HANDY

MAIL   WEB

**EINFACH UNTERSTREICHEN ODER MIT STICHWÖRTERN AUSFÜLLEN
(ALLE ANGABEN SIND NATÜRLICH VÖLLIG FREIWILLIG)**

Meine unwiderstehliche Augenfarbe

Meine natürliche/gestylte Haarfarbe

Mein Gardemass

Als wir uns kennenlernten, stand mein Wigwam in

Sein jetziger Standort ist

Ich bin verliebt/verlobt/verheiratet/geschieden/verwitwet

Ich wünschte mir (   ) Kinder/keine

Zurzeit habe ich (   ) Kinder/keine

Ich bin noch immer: Chaot/Träumer/Fantast/Realist/Pragmatiker/ …

Ich wollte, wenn ich könnte

Ich könnte, will aber nicht

Mein Traum wäre

Mein Lebensmotto

Mein Glaube

Ich bin ernst/nachdenklich/clownesk/ ...

Ich tanze gerne/nie/nur wenn ich muss/nur mit ...

Ich liebe die Berge/das Meer/die Wüsten/den Urwald/die Arktis

Ein Scheitern ist für mich Ansporn/Absturz/Herausforderung

Ich packe das Leben bei den Hörnern/am Hinterteil/an der Hand

Die Schule war für mich Horror/Zweckgemeinschaft/Paradies

Ich vermisse die Schule/die Lehrer/Euch/nichts

Meine besonderen Merkmale sind/waren

Führerschein gemacht/verloren/wieder erhalten/nie gemacht

Ich habe einen Motorflugschein/Segelflugschein/Gleitschirmschein

Mein Golfhandicap ist

ICH HABE WAS GESCHEITES GELERNT/ICH HABE STUDIERT/SONSTIGES ...

ICH BIN GESELLE/MEISTER/MASTER/BACHELOR/DOKTOR/SONSTIGES ...

MEINE LIEBLINGSPIZZEN

MEIN LIEBLINGSEIS

MEINE LIEBLINGSSOAP

MEIN LIEBLINGSSÄNGER/-IN

MEIN LIEBLINGSSPORT

MEIN LIEBLINGSSPIEL

MEIN LIEBLINGSGETRÄNK

MEIN LIEBLINGSAUTOR/-IN

MEIN LIEBLINGSERLEBNIS

MEIN LIEBLINGSVEREIN

MEIN LIEBLINGSAUTO/-MOTORRAD

ICH BIN FAN VON

MEINE LIEBLINGSFEHLER SIND/KENNE KEINE

DER/DIE NÄCHSTE BITTE >>>

MEIN SELFIE

KLASSENTREFFEN IN

AM

ICH BIN

MAN NANNTE MICH AUCH

GEBOREN UM ZU LEBEN/AM/IN

TEL. NR.   HANDY

MAIL   WEB

SO KENNT IHR MICH AUS DER SCHULZEIT

EINFACH UNTERSTREICHEN ODER MIT STICHWÖRTERN AUSFÜLLEN (ALLE ANGABEN SIND NATÜRLICH VÖLLIG FREIWILLIG)

Meine unwiderstehliche Augenfarbe

Meine natürliche/gestylte Haarfarbe

Mein Gardemass

Als wir uns kennenlernten, stand mein Wigwam in

Sein jetziger Standort ist

Ich bin verliebt/verlobt/verheiratet/geschieden/verwitwet

Ich wünschte mir (   ) Kinder/keine

Zurzeit habe ich (   ) Kinder/keine

Ich bin noch immer: Chaot/Träumer/Fantast/Realist/Pragmatiker/ …

Ich wollte, wenn ich könnte

Ich könnte, will aber nicht

Mein Traum wäre

Mein Lebensmotto

Mein Glaube

Ich bin ernst/nachdenklich/clownesk/ ...

Ich tanze gerne/nie/nur wenn ich muss/nur mit ...

Ich liebe die Berge/das Meer/die Wüsten/den Urwald/die Arktis

Ein Scheitern ist für mich Ansporn/Absturz/Herausforderung

Ich packe das Leben bei den Hörnern/am Hinterteil/an der Hand

Die Schule war für mich Horror/Zweckgemeinschaft/Paradies

Ich vermisse die Schule/die Lehrer/Euch/nichts

Meine besonderen Merkmale sind/waren

Führerschein gemacht/verloren/wieder erhalten/nie gemacht

Ich habe einen Motorflugschein/Segelflugschein/Gleitschirmschein

Mein Golfhandicap ist

Ich habe was Gescheites gelernt/Ich habe studiert/Sonstiges ...

Ich bin Geselle/Meister/Master/Bachelor/Doktor/Sonstiges ...

Meine LieblingsPizzen

Mein LieblingsEis

Meine LieblingsSoap

Mein LieblingsSänger/-in

Mein LieblingsSport

Mein LieblingsSpiel

Mein LieblingsGetränk

Mein LieblingsAutor/-in

Mein LieblingsErlebnis

Mein LieblingsVerein

Mein LieblingsAuto/-Motorrad

Ich bin Fan von

Meine LieblingsFehler sind/kenne keine

Der/die nächste bitte >>>

MEIN SELFIE

KLASSENTREFFEN IN

AM

ICH BIN

MAN NANNTE MICH AUCH

SO KENNT IHR MICH AUS DER SCHULZEIT

GEBOREN UM ZU LEBEN/AM/IN

TEL. NR.   HANDY

MAIL   WEB

EINFACH UNTERSTREICHEN ODER MIT STICHWÖRTERN AUSFÜLLEN (ALLE ANGABEN SIND NATÜRLICH VÖLLIG FREIWILLIG)

Meine unwiderstehliche Augenfarbe

Meine natürliche/gestylte Haarfarbe

Mein Gardemass

Als wir uns kennenlernten, stand mein Wigwam in

Sein jetziger Standort ist

Ich bin verliebt/verlobt/verheiratet/geschieden/verwitwet

Ich wünschte mir (   ) Kinder/keine

Zurzeit habe ich (   ) Kinder/keine

Ich bin noch immer: Chaot/Träumer/Fantast/Realist/Pragmatiker/ …

Ich wollte, wenn ich könnte

Ich könnte, will aber nicht

Mein Traum wäre

Mein Lebensmotto

Mein Glaube

Ich bin ernst/nachdenklich/clownesk/ …

Ich tanze gerne/nie/nur wenn ich muss/nur mit …

Ich liebe die Berge/das Meer/die Wüsten/den Urwald/die Arktis

Ein Scheitern ist für mich Ansporn/Absturz/Herausforderung

Ich packe das Leben bei den Hörnern/am Hinterteil/an der Hand

Die Schule war für mich Horror/Zweckgemeinschaft/Paradies

Ich vermisse die Schule/die Lehrer/Euch/nichts

Meine besonderen Merkmale sind/waren

Führerschein gemacht/verloren/wieder erhalten/nie gemacht

Ich habe einen Motorflugschein/Segelflugschein/Gleitschirmschein

Mein Golfhandicap ist

Ich habe was gescheites gelernt/ich habe studiert/sonstiges ...

Ich bin Geselle/Meister/Master/Bachelor/Doktor/Sonstiges ...

Meine LieblingsPizzen

Mein LieblingsEis

Meine LieblingsSoap

Mein LieblingsSänger/-in

Mein LieblingsSport

Mein LieblingsSpiel

Mein LieblingsGetränk

Mein LieblingsAutor/-in

Mein LieblingsErlebnis

Mein LieblingsVerein

Mein LieblingsAuto/-Motorrad

Ich bin fan von

Meine LieblingsFehler sind/kenne keine

DER/DIE NÄCHSTE BITTE >>>

Klassentreffen in

Am

Ich bin

Mein Selfie

Man nannte mich auch

So kennt ihr mich aus der Schulzeit

Geboren um zu leben/am/in

Tel. Nr.   Handy

Mail   Web

**Einfach unterstreichen oder mit Stichwörtern ausfüllen
(alle Angaben sind natürlich völlig freiwillig)**

Meine unwiderstehliche Augenfarbe

Meine natürliche/gestylte Haarfarbe

Mein Gardemass

Als wir uns kennenlernten, stand mein Wigwam in

Sein jetziger Standort ist

Ich bin verliebt/verlobt/verheiratet/geschieden/verwitwet

Ich wünschte mir (   ) Kinder/keine

Zurzeit habe ich (   ) Kinder/keine

Ich bin noch immer: Chaot/Träumer/Fantast/Realist/Pragmatiker/ …

Ich wollte, wenn ich könnte

Ich könnte, will aber nicht

Mein Traum wäre

Mein Lebensmotto

Mein Glaube

Ich bin ernst/nachdenklich/clownesk/ …

Ich tanze gerne/nie/nur wenn ich muss/nur mit …

Ich liebe die Berge/das Meer/die Wüsten/den Urwald/die Arktis

Ein Scheitern ist für mich Ansporn/Absturz/Herausforderung

Ich packe das Leben bei den Hörnern/am Hinterteil/an der Hand

Die Schule war für mich Horror/Zweckgemeinschaft/Paradies

Ich vermisse die Schule/die Lehrer/Euch/nichts

Meine besonderen Merkmale sind/waren

Führerschein gemacht/verloren/wieder erhalten/nie gemacht

Ich habe einen Motorflugschein/Segelflugschein/Gleitschirmschein

Mein Golfhandicap ist

ICH HABE WAS GESCHEITES GELERNT/ICH HABE STUDIERT/SONSTIGES …

ICH BIN GESELLE/MEISTER/MASTER/BACHELOR/DOKTOR/SONSTIGES …

MEINE LIEBLINGSPIZZEN

MEIN LIEBLINGSEIS

MEINE LIEBLINGSSOAP

MEIN LIEBLINGSSÄNGER/-IN

MEIN LIEBLINGSSPORT

MEIN LIEBLINGSSPIEL

MEIN LIEBLINGSGETRÄNK

MEIN LIEBLINGSAUTOR/-IN

MEIN LIEBLINGSERLEBNIS

MEIN LIEBLINGSVEREIN

MEIN LIEBLINGSAUTO/-MOTORRAD

ICH BIN FAN VON

MEINE LIEBLINGSFEHLER SIND/KENNE KEINE

DER/DIE NÄCHSTE BITTE >>>

MEIN SELFIE

KLASSENTREFFEN IN

AM

ICH BIN

MAN NANNTE MICH AUCH

GEBOREN UM ZU LEBEN/AM/IN

TEL. NR.   HANDY

MAIL   WEB

So kennt ihr mich aus der Schulzeit

**EINFACH UNTERSTREICHEN ODER MIT STICHWÖRTERN AUSFÜLLEN
(ALLE ANGABEN SIND NATÜRLICH VÖLLIG FREIWILLIG)**

MEINE UNWIDERSTEHLICHE AUGENFARBE

MEINE NATÜRLICHE/GESTYLTE HAARFARBE

MEIN GARDEMASS

ALS WIR UNS KENNENLERNTEN, STAND MEIN WIGWAM IN

SEIN JETZIGER STANDORT IST

ICH BIN VERLIEBT/VERLOBT/VERHEIRATET/GESCHIEDEN/VERWITWET

ICH WÜNSCHTE MIR (   ) KINDER/KEINE

ZURZEIT HABE ICH (   ) KINDER/KEINE

ICH BIN NOCH IMMER: CHAOT/TRÄUMER/FANTAST/REALIST/PRAGMATIKER/ …

ICH WOLLTE, WENN ICH KÖNNTE

ICH KÖNNTE, WILL ABER NICHT

Mein Traum wäre

Mein Lebensmotto

Mein Glaube

Ich bin ernst/nachdenklich/clownesk/ …

Ich tanze gerne/nie/nur wenn ich muss/nur mit …

Ich liebe die Berge/das Meer/die Wüsten/den Urwald/die Arktis

Ein Scheitern ist für mich Ansporn/Absturz/Herausforderung

Ich packe das Leben bei den Hörnern/am Hinterteil/an der Hand

Die Schule war für mich Horror/Zweckgemeinschaft/Paradies

Ich vermisse die Schule/die Lehrer/Euch/nichts

Meine besonderen Merkmale sind/waren

Führerschein gemacht/verloren/wieder erhalten/nie gemacht

Ich habe einen Motorflugschein/Segelflugschein/Gleitschirmschein

Mein Golfhandicap ist

Ich habe was gescheites gelernt/Ich habe studiert/Sonstiges ...

Ich bin Geselle/Meister/Master/Bachelor/Doktor/Sonstiges ...

Meine LieblingsPizzen

Mein LieblingsEis

Meine LieblingsSoap

Mein LieblingsSänger/-in

Mein LieblingsSport

Mein LieblingsSpiel

Mein LieblingsGetränk

Mein LieblingsAutor/-in

Mein LieblingsErlebnis

Mein LieblingsVerein

Mein LieblingsAuto/-Motorrad

Ich bin fan von

Meine LieblingsFehler sind/kenne keine

DER/DIE NÄCHSTE BITTE >>>

KLASSENTREFFEN IN

MEIN SELFIE

AM

ICH BIN

MAN NANNTE MICH AUCH

SO KENNT IHR MICH AUS DER SCHULZEIT

GEBOREN UM ZU LEBEN/AM/IN

TEL. NR. **HANDY**

MAIL **WEB**

EINFACH UNTERSTREICHEN ODER MIT STICHWÖRTERN AUSFÜLLEN (ALLE ANGABEN SIND NATÜRLICH VÖLLIG FREIWILLIG)

Meine unwiderstehliche Augenfarbe

Meine natürliche/gestylte Haarfarbe

Mein Gardemass

Als wir uns kennenlernten, stand mein Wigwam in

Sein jetziger Standort ist

Ich bin verliebt/verlobt/verheiratet/geschieden/verwitwet

Ich wünschte mir (   ) Kinder/keine

Zurzeit habe ich (   ) Kinder/keine

Ich bin noch immer: Chaot/Träumer/Fantast/Realist/Pragmatiker/ …

Ich wollte, wenn ich könnte

Ich könnte, will aber nicht

Mein Traum wäre

Mein Lebensmotto

Mein Glaube

Ich bin ernst/nachdenklich/clownesk/ …

Ich tanze gerne/nie/nur wenn ich muss/nur mit …

Ich liebe die Berge/das Meer/die Wüsten/den Urwald/die Arktis

Ein Scheitern ist für mich Ansporn/Absturz/Herausforderung

Ich packe das Leben bei den Hörnern/am Hinterteil/an der Hand

Die Schule war für mich Horror/Zweckgemeinschaft/Paradies

Ich vermisse die Schule/die Lehrer/euch/nichts

Meine besonderen Merkmale sind/waren

Führerschein gemacht/verloren/wieder erhalten/nie gemacht

Ich habe einen Motorflugschein/Segelflugschein/Gleitschirmschein

Mein Golfhandicap ist

Ich habe was Gescheites gelernt/ich habe studiert/Sonstiges ...

Ich bin Geselle/Meister/Master/Bachelor/Doktor/Sonstiges ...

Meine LieblingsPizzen

Mein LieblingsEis

Meine LieblingsSoap

Mein LieblingsSänger/-in

Mein LieblingsSport

Mein LieblingsSpiel

Mein LieblingsGetränk

Mein LieblingsAutor/-in

Mein LieblingsErlebnis

Mein LieblingsVerein

Mein LieblingsAuto/-Motorrad

Ich bin fan von

Meine LieblingsFehler sind/kenne keine

DER/DIE NÄCHSTE BITTE >>>

KLASSENTREFFEN IN

AM

ICH BIN

MEIN SELFIE

MAN NANNTE MICH AUCH

SO KENNT IHR MICH AUS DER SCHULZEIT

GEBOREN UM ZU LEBEN/AM/IN

TEL. NR.   HANDY

MAIL   WEB

EINFACH UNTERSTREICHEN ODER MIT STICHWÖRTERN AUSFÜLLEN (ALLE ANGABEN SIND NATÜRLICH VÖLLIG FREIWILLIG)

Meine unwiderstehliche Augenfarbe

Meine natürliche/gestylte Haarfarbe

Mein Gardemass

Als wir uns kennenlernten, stand mein Wigwam in

Sein jetziger Standort ist

Ich bin verliebt/verlobt/verheiratet/geschieden/verwitwet

Ich wünschte mir (   ) Kinder/keine

Zurzeit habe ich (   ) Kinder/keine

Ich bin noch immer: Chaot/Träumer/Fantast/Realist/Pragmatiker/ …

Ich wollte, wenn ich könnte

Ich könnte, will aber nicht

Mein Traum wäre

Mein Lebensmotto

Mein Glaube

Ich bin ernst/nachdenklich/clownesk/ …

Ich tanze gerne/nie/nur wenn ich muss/nur mit …

Ich liebe die Berge/das Meer/die Wüsten/den Urwald/die Arktis

Ein Scheitern ist für mich Ansporn/Absturz/Herausforderung

Ich packe das Leben bei den Hörnern/am Hinterteil/an der Hand

Die Schule war für mich Horror/Zweckgemeinschaft/Paradies

Ich vermisse die Schule/die Lehrer/Euch/nichts

Meine besonderen Merkmale sind/waren

Führerschein gemacht/verloren/wieder erhalten/nie gemacht

Ich habe einen Motorflugschein/Segelflugschein/Gleitschirmschein

Mein Golfhandicap ist

Ich habe was gescheites gelernt/ich habe studiert/sonstiges ...

Ich bin Geselle/Meister/Master/Bachelor/Doktor/Sonstiges ...

Meine LieblingsPizzen

Mein LieblingsEis

Meine LieblingsSoap

Mein LieblingsSänger/-in

Mein LieblingsSport

Mein LieblingsSpiel

Mein LieblingsGetränk

Mein LieblingsAutor/-in

Mein LieblingsErlebnis

Mein LieblingsVerein

Mein LieblingsAuto/-Motorrad

Ich bin fan von

Meine LieblingsFehler sind/kenne keine

Der/Die nächste bitte >>>

KLASSENTREFFEN IN

AM

ICH BIN

MEIN SELFIE

MAN NANNTE MICH AUCH

SO KENNT IHR MICH AUS DER SCHULZEIT

GEBOREN UM ZU LEBEN/AM/IN

TEL. NR.   HANDY

MAIL   WEB

**EINFACH UNTERSTREICHEN ODER MIT STICHWÖRTERN AUSFÜLLEN
(ALLE ANGABEN SIND NATÜRLICH VÖLLIG FREIWILLIG)**

Meine unwiderstehliche Augenfarbe

Meine natürliche/gestylte Haarfarbe

Mein Gardemass

Als wir uns kennenlernten, stand mein Wigwam in

Sein jetziger Standort ist

Ich bin verliebt/verlobt/verheiratet/geschieden/verwitwet

Ich wünschte mir (   ) Kinder/keine

Zurzeit habe ich (   ) Kinder/keine

Ich bin noch immer: Chaot/Träumer/Fantast/Realist/Pragmatiker/ …

Ich wollte, wenn ich könnte

Ich könnte, will aber nicht

Mein Traum wäre

Mein Lebensmotto

Mein Glaube

Ich bin ernst/nachdenklich/clownesk/ …

Ich tanze gerne/nie/nur wenn ich muss/nur mit …

Ich liebe die Berge/das Meer/die Wüsten/den Urwald/die Arktis

Ein Scheitern ist für mich Ansporn/Absturz/Herausforderung

Ich packe das Leben bei den Hörnern/am Hinterteil/an der Hand

Die Schule war für mich Horror/Zweckgemeinschaft/Paradies

Ich vermisse die Schule/die Lehrer/Euch/nichts

Meine besonderen Merkmale sind/waren

Führerschein gemacht/verloren/wieder erhalten/nie gemacht

Ich habe einen Motorflugschein/Segelflugschein/Gleitschirmschein

Mein Golfhandicap ist

Ich habe was gescheites gelernt/ich habe studiert/sonstiges ...

Ich bin Geselle/Meister/Master/Bachelor/Doktor/Sonstiges ...

Meine LieblingsPizzen

Mein LieblingsEis

Meine LieblingsSoap

Mein LieblingsSänger/-in

Mein LieblingsSport

Mein LieblingsSpiel

Mein LieblingsGetränk

Mein LieblingsAutor/-in

Mein LieblingsErlebnis

Mein LieblingsVerein

Mein LieblingsAuto/-Motorrad

Ich bin fan von

Meine LieblingsFehler sind/kenne keine

DER/DIE NÄCHSTE BITTE >>>

MEIN SELFIE

KLASSENTREFFEN IN

AM

ICH BIN

MAN NANNTE MICH AUCH

GEBOREN UM ZU LEBEN/AM/IN

TEL. NR.   HANDY

MAIL   WEB

SO KENNT IHR MICH AUS DER SCHULZEIT

**EINFACH UNTERSTREICHEN ODER MIT STICHWÖRTERN AUSFÜLLEN
(ALLE ANGABEN SIND NATÜRLICH VÖLLIG FREIWILLIG)**

Meine unwiderstehliche Augenfarbe

Meine natürliche/gestylte Haarfarbe

Mein Gardemass

Als wir uns kennenlernten, stand mein Wigwam in

Sein jetziger Standort ist

Ich bin verliebt/verlobt/verheiratet/geschieden/verwitwet

Ich wünschte mir (   ) Kinder/keine

Zurzeit habe ich (   ) Kinder/keine

Ich bin noch immer: Chaot/Träumer/Fantast/Realist/Pragmatiker/ …

Ich wollte, wenn ich könnte

Ich könnte, will aber nicht

Mein Traum wäre

Mein Lebensmotto

Mein Glaube

Ich bin ernst/nachdenklich/clownesk/ …

Ich tanze gerne/nie/nur wenn ich muss/nur mit …

Ich liebe die Berge/das Meer/die Wüsten/den Urwald/die Arktis

Ein Scheitern ist für mich Ansporn/Absturz/Herausforderung

Ich packe das Leben bei den Hörnern/am Hinterteil/an der Hand

Die Schule war für mich Horror/Zweckgemeinschaft/Paradies

Ich vermisse die Schule/die Lehrer/Euch/nichts

Meine besonderen Merkmale sind/waren

Führerschein gemacht/verloren/wieder erhalten/nie gemacht

Ich habe einen Motorflugschein/Segelflugschein/Gleitschirmschein

Mein Golfhandicap ist

Ich habe was gescheites gelernt/Ich habe studiert/Sonstiges ...

Ich bin Geselle/Meister/Master/Bachelor/Doktor/Sonstiges ...

Meine LieblingsPizzen

Mein LieblingsEis

Meine LieblingsSoap

Mein LieblingsSänger/-in

Mein LieblingsSport

Mein LieblingsSpiel

Mein LieblingsGetränk

Mein LieblingsAutor/-in

Mein LieblingsErlebnis

Mein LieblingsVerein

Mein LieblingsAuto/-Motorrad

Ich bin fan von

Meine LieblingsFehler sind/kenne keine

DER/DIE NÄCHSTE BITTE >>>

MEIN SELFIE

KLASSENTREFFEN IN

AM

ICH BIN

MAN NANNTE MICH AUCH

SO KENNT IHR MICH AUS DER SCHULZEIT

GEBOREN UM ZU LEBEN/AM/IN

TEL. NR.   HANDY

MAIL   WEB

**EINFACH UNTERSTREICHEN ODER MIT STICHWÖRTERN AUSFÜLLEN
(ALLE ANGABEN SIND NATÜRLICH VÖLLIG FREIWILLIG)**

Meine unwiderstehliche Augenfarbe

Meine natürliche/gestylte Haarfarbe

Mein Gardemass

Als wir uns kennenlernten, stand mein Wigwam in

Sein jetziger Standort ist

Ich bin verliebt/verlobt/verheiratet/geschieden/verwitwet

Ich wünschte mir (   ) Kinder/keine

Zurzeit habe ich (   ) Kinder/keine

Ich bin noch immer: Chaot/Träumer/Fantast/Realist/Pragmatiker/ …

Ich wollte, wenn ich könnte

Ich könnte, will aber nicht

Mein Traum wäre

Mein Lebensmotto

Mein Glaube

Ich bin ernst/nachdenklich/clownesk/ ...

Ich tanze gerne/nie/nur wenn ich muss/nur mit ...

Ich liebe die Berge/das Meer/die Wüsten/den Urwald/die Arktis

Ein Scheitern ist für mich Ansporn/Absturz/Herausforderung

Ich packe das Leben bei den Hörnern/am Hinterteil/an der Hand

Die Schule war für mich Horror/Zweckgemeinschaft/Paradies

Ich vermisse die Schule/die Lehrer/Euch/nichts

Meine besonderen Merkmale sind/waren

Führerschein gemacht/verloren/wieder erhalten/nie gemacht

Ich habe einen Motorflugschein/Segelflugschein/Gleitschirmschein

Mein Golfhandicap ist

Ich habe was Gescheites gelernt/Ich habe studiert/Sonstiges ...

Ich bin Geselle/Meister/Master/Bachelor/Doktor/Sonstiges ...

Meine LieblingsPizzen

Mein LieblingsEis

Meine LieblingsSoap

Mein LieblingsSänger/-in

Mein LieblingsSport

Mein LieblingsSpiel

Mein LieblingsGetränk

Mein LieblingsAutor/-in

Mein LieblingsErlebnis

Mein LieblingsVerein

Mein LieblingsAuto/-Motorrad

Ich bin fan von

Meine LieblingsFehler sind/kenne keine

DER/DIE NÄCHSTE BITTE >>>

MEIN SELFIE

Klassentreffen in

Am

Ich bin

Man nannte mich auch

Geboren um zu leben/am/in

Tel. Nr.   Handy

Mail   WEB

So kennt ihr mich aus der Schulzeit

**Einfach unterstreichen oder mit Stichwörtern ausfüllen
(alle Angaben sind natürlich völlig freiwillig)**

Meine unwiderstehliche Augenfarbe

Meine natürliche/gestylte Haarfarbe

Mein Gardemass

Als wir uns kennenlernten, stand mein Wigwam in

Sein jetziger Standort ist

Ich bin verliebt/verlobt/verheiratet/geschieden/verwitwet

Ich wünschte mir (   ) Kinder/keine

Zurzeit habe ich (   ) Kinder/keine

Ich bin noch immer: Chaot/Träumer/Fantast/Realist/Pragmatiker/ ...

Ich wollte, wenn ich könnte

Ich könnte, will aber nicht

Mein Traum wäre

Mein Lebensmotto

Mein Glaube

Ich bin ernst/nachdenklich/clownesk/ …

Ich tanze gerne/nie/nur wenn ich muss/nur mit …

Ich liebe die Berge/das Meer/die Wüsten/den Urwald/die Arktis

Ein Scheitern ist für mich Ansporn/Absturz/Herausforderung

Ich packe das Leben bei den Hörnern/am Hinterteil/an der Hand

Die Schule war für mich Horror/Zweckgemeinschaft/Paradies

Ich vermisse die Schule/die Lehrer/Euch/nichts

Meine besonderen Merkmale sind/waren

Führerschein gemacht/verloren/wieder erhalten/nie gemacht

Ich habe einen Motorflugschein/Segelflugschein/Gleitschirmschein

Mein Golfhandicap ist

Ich habe was Gescheites gelernt/Ich habe studiert/Sonstiges …

Ich bin Geselle/Meister/Master/Bachelor/Doktor/Sonstiges …

Meine LieblingsPizzen

Mein LieblingsEis

Meine LieblingsSoap

Mein LieblingsSänger/-in

Mein LieblingsSport

Mein LieblingsSpiel

Mein LieblingsGetränk

Mein LieblingsAutor/-in

Mein LieblingsErlebnis

Mein LieblingsVerein

Mein LieblingsAuto/-Motorrad

Ich bin Fan von

Meine LieblingsFehler sind/kenne keine

Der/Die nächste bitte >>>

MEIN SELFIE

KLASSENTREFFEN IN

AM

ICH BIN

MAN NANNTE MICH AUCH

GEBOREN UM ZU LEBEN/AM/IN

TEL. NR.   **HANDY**

MAIL   **WEB**

So kennt ihr mich aus der Schulzeit

**EINFACH UNTERSTREICHEN ODER MIT STICHWÖRTERN AUSFÜLLEN
(ALLE ANGABEN SIND NATÜRLICH VÖLLIG FREIWILLIG)**

Meine unwiderstehliche Augenfarbe

Meine natürliche/gestylte Haarfarbe

Mein Gardemass

Als wir uns kennenlernten, stand mein Wigwam in

Sein jetziger Standort ist

Ich bin verliebt/verlobt/verheiratet/geschieden/verwitwet

Ich wünschte mir (   ) Kinder/keine

Zurzeit habe ich (   ) Kinder/keine

Ich bin noch immer: Chaot/Träumer/Fantast/Realist/Pragmatiker/ ...

Ich wollte, wenn ich könnte

Ich könnte, will aber nicht

Mein Traum wäre

Mein Lebensmotto

Mein Glaube

Ich bin ernst/nachdenklich/clownesk/ ...

Ich tanze gerne/nie/nur wenn ich muss/nur mit ...

Ich liebe die Berge/das Meer/die Wüsten/den Urwald/die Arktis

Ein Scheitern ist für mich Ansporn/Absturz/Herausforderung

Ich packe das Leben bei den Hörnern/am Hinterteil/an der Hand

Die Schule war für mich Horror/Zweckgemeinschaft/Paradies

Ich vermisse die Schule/die Lehrer/Euch/nichts

Meine besonderen Merkmale sind/waren

Führerschein gemacht/verloren/wieder erhalten/nie gemacht

Ich habe einen Motorflugschein/Segelflugschein/Gleitschirmschein

Mein Golfhandicap ist

Ich habe was Gescheites gelernt/Ich habe studiert/Sonstiges …

Ich bin Geselle/Meister/Master/Bachelor/Doktor/Sonstiges …

Meine LieblingsPizzen

Mein LieblingsEis

Meine LieblingsSoap

Mein LieblingsSänger/-in

Mein LieblingsSport

Mein LieblingsSpiel

Mein LieblingsGetränk

Mein LieblingsAutor/-in

Mein LieblingsErlebnis

Mein LieblingsVerein

Mein LieblingsAuto/-Motorrad

Ich bin Fan von

Meine LieblingsFehler sind/kenne keine

Unsere Lehrer/Lehrerinnen

Sonstiges Bemerkenswertes >>>